¡Ayuda a América a Sanar!

Una Historia de Esperanza para la Juventud

Por Peggy A. Rothbaum, Ph.D., LLC

drpeggyrothbaum.com

Impreso en EE. UU.

Ayuda a América a Sanar: Una Historia de Esperanza para la Juventud
Por Peggy A. Rothbaum, Ph.D., LLC

Maquetado y diseño digital por M Kovalyov
happyfamilyart.com

Traducido al español por Germán Bayas,
gema0313@gmail.com

ISBN 978-0-9883592-3-9

drpeggyrothbaum.com

Beloved World LLC
232 Saint Paul Street
Westfield, NJ 07090

Dedicatoria

Este libro está dedicado a nuestro amado mundo.

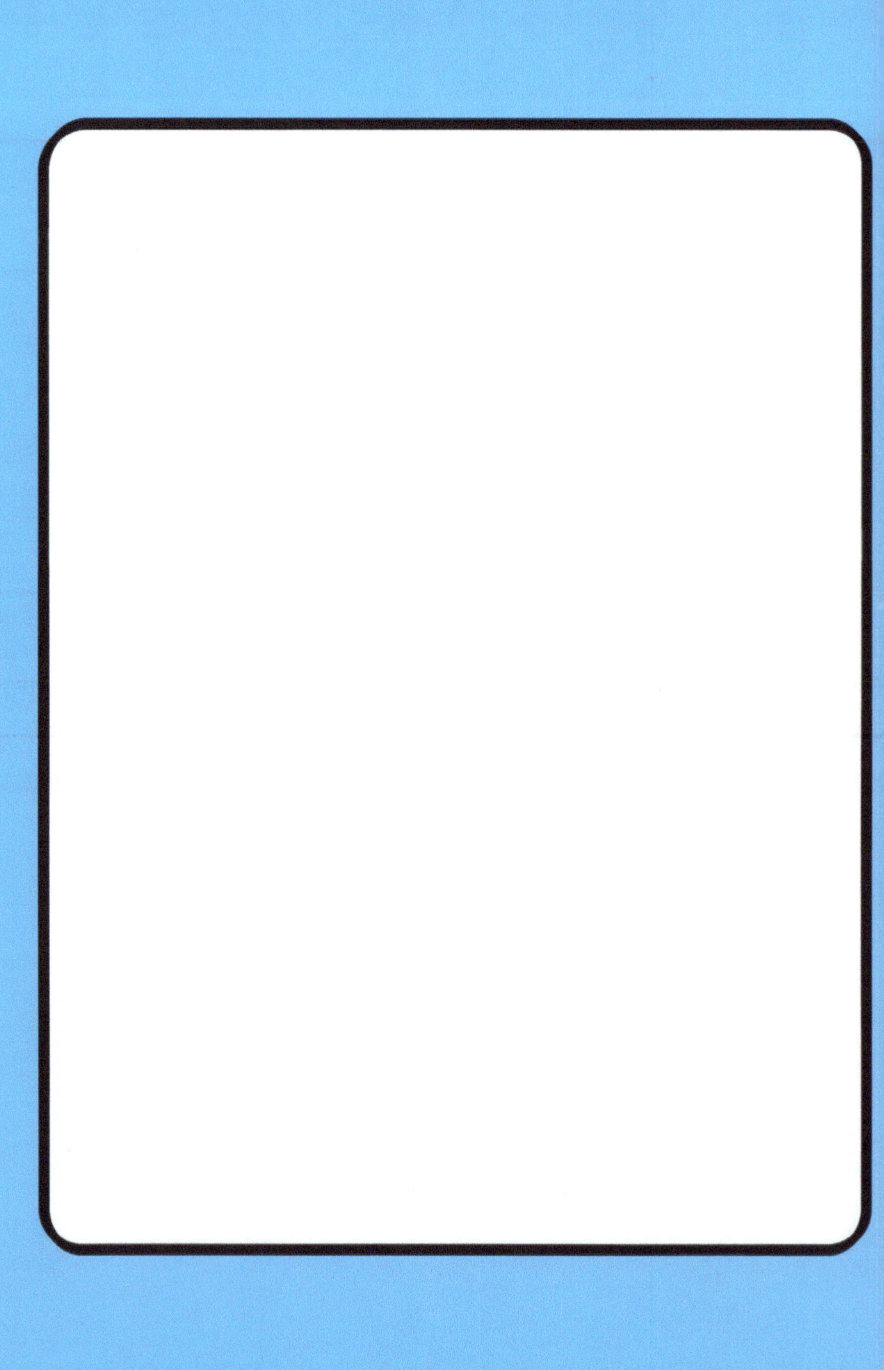

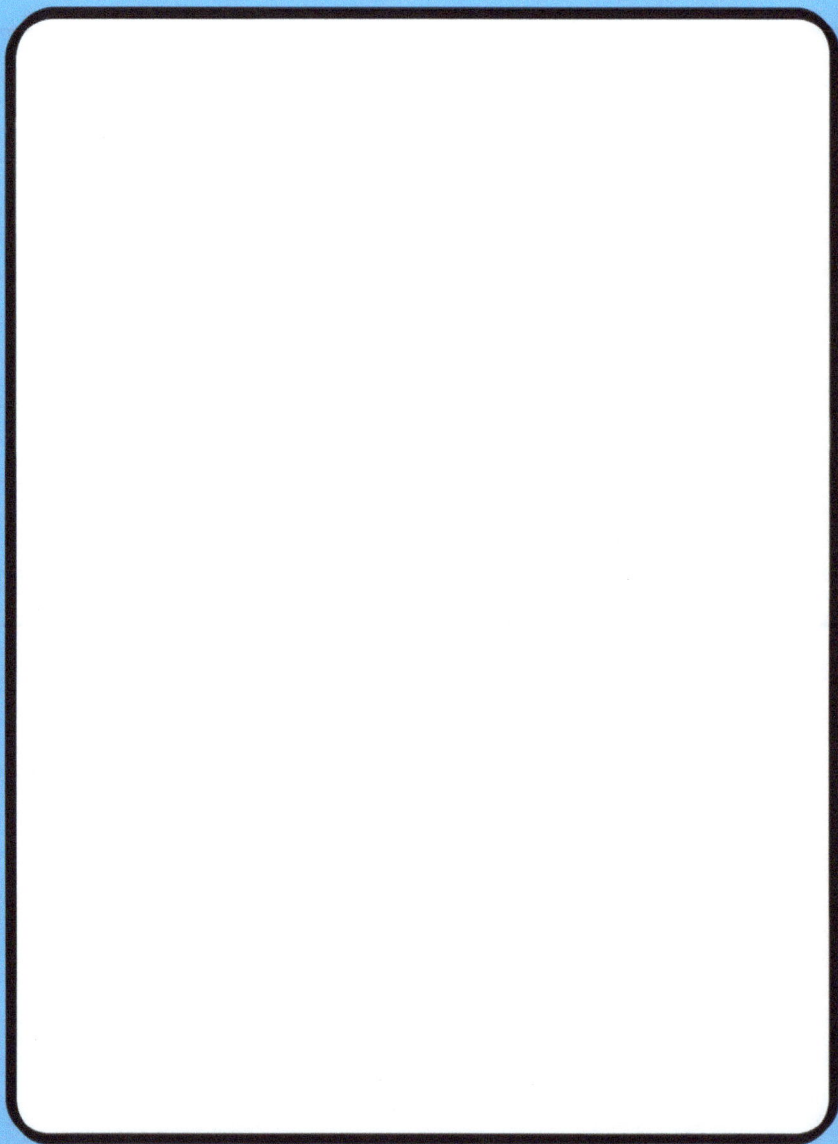

Nuestro país
está
sufriendo.
La gente
está
molesta.

Esto es aterrador y molesto para los niños.

La gente parece enojada.

Muchos de ellos se están diciendo cosas mezquinas entre ellos.

"No me gustas."

"ERES ESTESTÚPIDO."

"No das la talla para ser americano."

"Eres vago."

"Estás tomando cosas que deberían ser mías."

¿Qué está pasando en América?

¿Porque tanta gente está enojada, molesta y triste?

¡América no debería ser así! ¡Los Estados Unidos de América esta supuesta a tener justicia y libertad para todos!
Yo Juro lealtad a la bandera de los Estados Unidos de América y la republica que representa, una nación bajo Dios, indivisible con libertades y justicia para todos.

En la historia de América, no siempre hemos tratado bien a todos.

Tuvimos esclavos: 1654-1865.

Tomamos los territorios de los Nativos Americanos: Senderos de Lágrimas, 1839-1939.

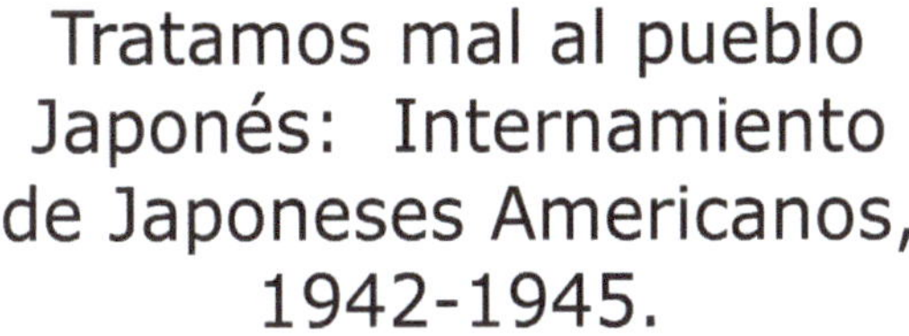

Tratamos mal al pueblo Japonés: Internamiento de Japoneses Americanos, 1942-1945.

Tenemos mucho odio en América.

Algunas personas se odian entre sí por razones muy tontas.

Tu color de piel no es como el mío.

Hablas un idioma diferente.

Te gustan las personas del mismo género que tú.

Tu piensas que differente cosas son importantes de las que yo pienso.

Tu Dios no es el mismo que mi Dios.

Tu familia viene de un país diferente.

Nosotros también tenemos algunos problemas.

No hay suficientes trabajos.

Demasiadas personas que se molestan porque no somos todos iguales.

Gente de otros países quieren venir aquí.

DEMASIADA GENTE POBRE.

NO HAY SUFICIENTES MÉDICOS.

Gente perdiendo sus empleos.

Gente que no cuida del planeta.

Gente que maltratan a los animales.

Demasiadas armas de fuego.

Nuestros problemas en Estados Unidos asustan y molestan a la gente.

¿Piénsalo, que quieres hacer cuando estas asustado o enojado?

Abrazar un oso de peluche.

Tartar de mantener que todo siga igual.

Sentarte en un rincón y llorar.

Quedarte con personas que te consuelan.

Encontrar personas que entiendan como tú te sientes.

Encontrar personas iguales a ti.

Eso está bien, pero otra forma de no tener miedo es aprender nuevas ideas y tratar de entender cómo piensan y sienten las personas diferentes a ti.

Entonces no tenemos que tener tanto miedo.

Tú eres igual a mí, aunque tu piel sea de otro color.

Y tienes un Dios diferente.

Y hablas un idioma diferente.

¡Tienes solo un padre, pero eres muy querido!

Eres pobre, pero te esfuerzas mucho.

Tratas de ser justo y amable con los otros niños.

¡Esto podría ayudar a América a sanar!

¿Qué más podemos hacer para ayudar a América a sanar?

Podemos hablar con otras personas sobre lo que sabemos acerca de nuevas ideas y gente diferente.

Podemos pensar y aprender más sobre nosotros mismos, como nos sentimos, y como tratamos a los demás.

Podemos ser bondadosos.

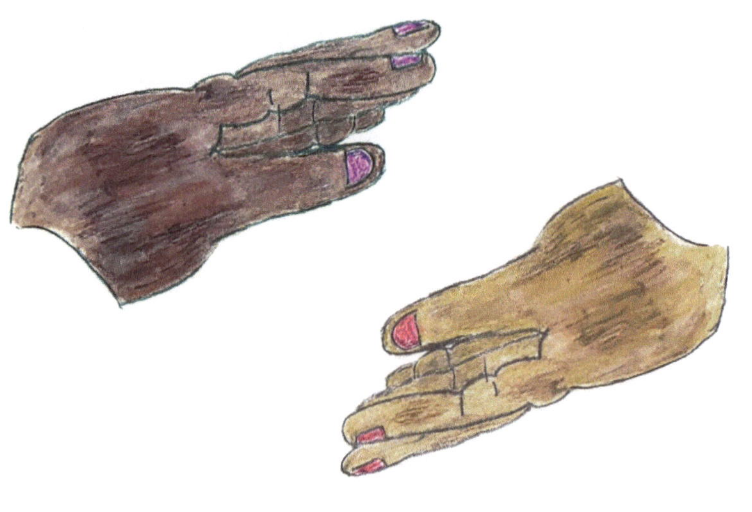

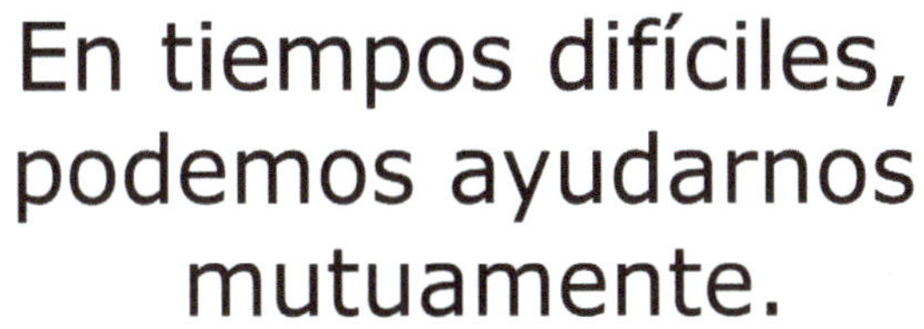

En tiempos difíciles, podemos ayudarnos mutuamente.

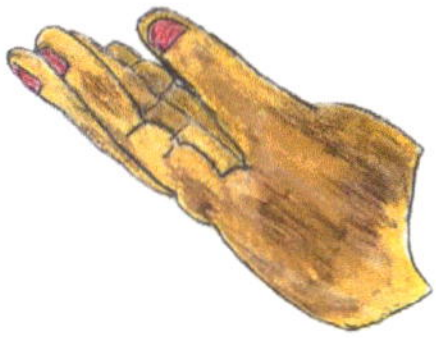

Podemos escribir y hacer arte.

Taking Care
of
Little Snoogie
A Story About Pet Loss for Adults
A portion of proceeds from the
sale of this book may be donated
to animal charities.
Help America Heal
A story of hope for young people
Peggy A. Rothbaum, Ph.D., LLC
A portion of proceeds from the sale of this book may be donated to charities.
© 2021 Beloved World LLC

Podemos cuidar del planeta.

Podemos cuidar de nuestro aire, agua, y tierra. Podemos hacer proyectos comunitarios.

SI

NO

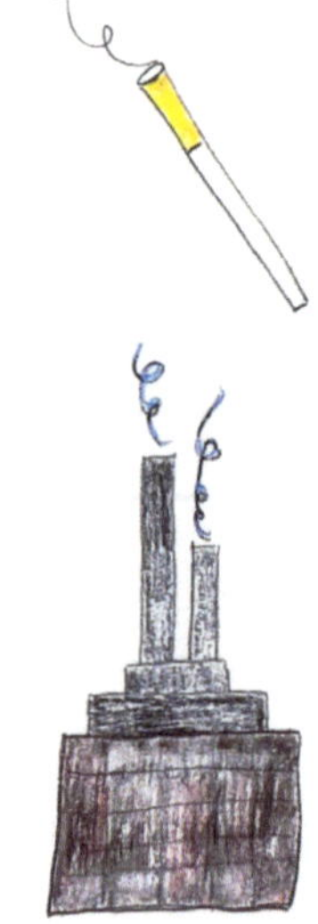

Podemos cuidar de las aves, insectos, reptiles, peses, mariposas, abejas, y animales.

Los elefantes necesitan nuestra protección. Ellos son muy inteligentes. Ellos viven en familias y también forman sus propias comunidades.

Los científicos han demostrado que los elefantes se ponen tristes cuando se ven obligados a vivir solos o dar paseos.

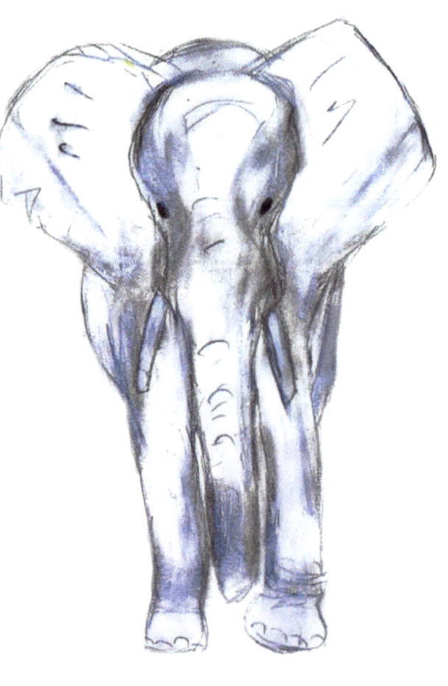

Tenemos que proteger a los simios y su hábitat.

Los simios son muy inteligentes. Los simios tienen relaciones con otros simios.

No es bueno que estén enjaulados.

También necesitamos proteger a los delfines. Los delfines son muy inteligentes. Ellos se comunican entre sí de diferentes maneras.

Ellos deben de nadar en libertad, no en cautiverio, o haciendo piruetas.

Las ballenas también necesitan nuestra ayuda. Ellas son inteligentes. Ellas hablan y cantan. Las ballenas se enseñan unas a otras y hacen planes juntas.

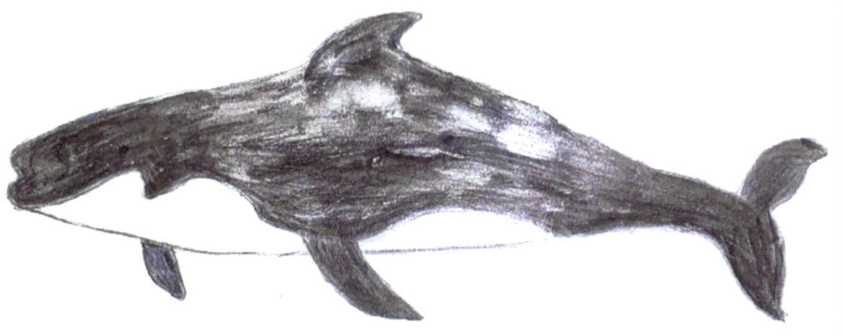

Las ballenas se afligen y a veces están tristes. Ellas necesitan nadar libres.

Podemos ayudar a las ballenas, los delfines, los elefantes, los simios dejándolos libres, manteniéndolos a salvo, y ayudándolos a vivir de la mejor manera para ellos.

A veces necesitamos rescatar a los animales.

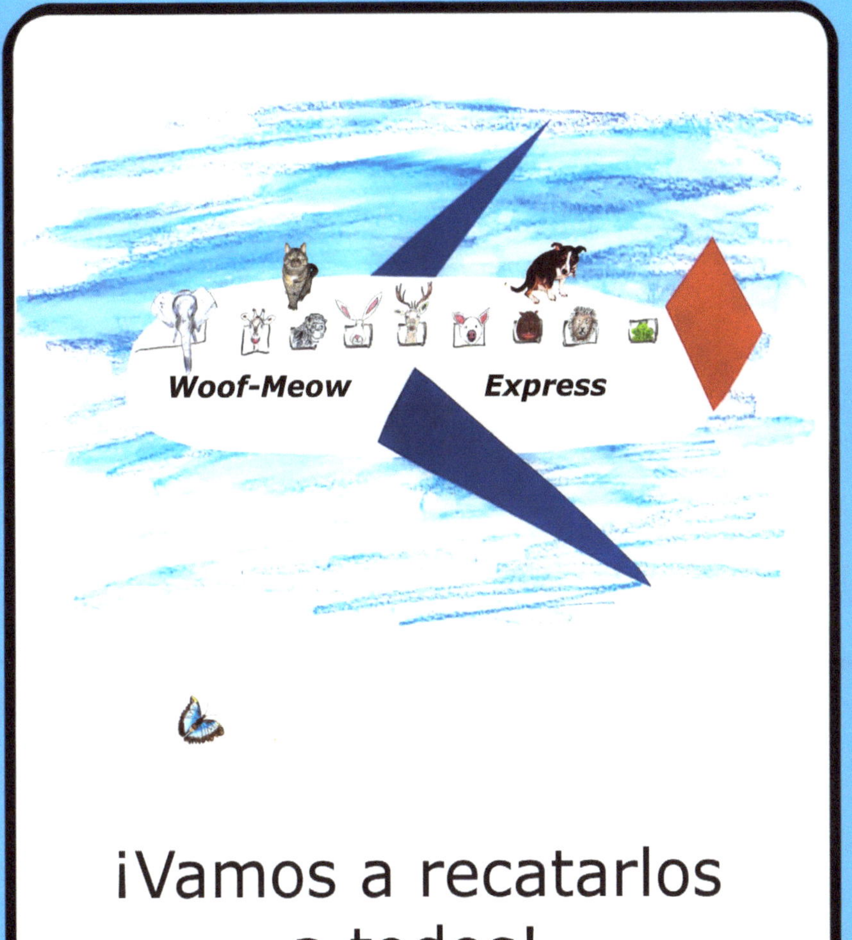

¡Vamos a recatarlos a todos!

Todos estamos conectados.

Porque todos hacemos la diferencia.

¡Hay muchas cosas que podemos hacer para ayudar a América a sanar!

¡No Podemos darnos por vencidos! ¡Debemos seguir tratando de sanar América!

La Dra. Peggy Rothbaum (drpeggyrothbaum.com) es una psicóloga, escritora, investigadora, y consultora en Westfield, New Jersey. También se dedica al servicio comunitario, creación de arte, y lucha por la defensa de los animales. Su misión principal en la vida es de ayudar a hacer del mundo un mejor lugar. Su primer libro pictórico/ilustrado como coescritora se titula Taking Care of Little Snoogie; una historia sobre el fallecimiento de mascotas para adultos.

www.ingramcontent.com/pod-product-compliance
Lightning Source LLC
Chambersburg PA
CBHW041956090426
42811CB00014B/1517

9780988359239